轨道交通实训课新理念新形态活页式教材

轨道交通车辆技术实训指导

（四）车辆空调

主　编／袁楷智　蒲华强　吕贵铭

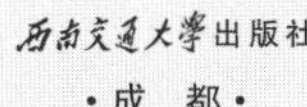

·成　都·

图书在版编目（C I P）数据

轨道交通车辆技术实训指导. 四，车辆空调 / 袁楷智，蒲华强，吕贵铭主编. --成都：西南交通大学出版社，2023.6
ISBN 978-7-5643-9340-3

Ⅰ. ①轨… Ⅱ. ①袁… ②蒲… ③吕… Ⅲ. ①城市铁路 – 铁路车辆 – 空气调节设备 – 高等职业教育 – 教材
Ⅳ. ①U239.5

中国国家版本馆 CIP 数据核字（2023）第104894 号

目 录
CONTENTS

项目一　车辆空调系统实训演练 …… 339

任务一　空调装置整体认知 …… 339

任务二　空调系统的日常检查与维护 …… 347

任务三　空调装置的故障分析与处理 …… 350

任务四　空调加热系统的日常检查与维护 …… 358

任务五　空调装置的安装与调试 …… 362

项目二　空调装置实训演练 …… 367

任务一　空调装置整体认知 …… 367

任务二　空调装置检修与维护 …… 372

任务三　空调装置故障分析与处理 …… 375

参考文献 …… 381

车辆空调系统实训演练

任务一　空调装置整体认知

一、实训目的

1. 空调装置设备认知。
2. 了解空调的工作原理。

二、理论链接

空调系统可对车辆进行通风、制冷和采暖，使之达到夏季除湿、降温，春、秋季通风换气，冬季采暖的目的，以提高司机驾驶和乘客乘坐的舒适性。

每节车安装两台独立的顶置式空调机组，具有制冷、制热、通风和紧急通风等功能。客室空调机组安装在车厢的顶部，空调通风采用下出下回的循环方式，空调机组处理后的空气经风道送入客室，起到调节车厢温、湿度的作用，保证客室的舒适性。

司机室设单独的空调机组，独立处理司机室的空气。

冬季客室空调和司机室空调均采用热泵制热，客室空调设辅助电加热，保证舒适性。

1. 空调工作原理

空调机组的制冷回路由压缩机、冷凝器、电子膨胀阀、蒸发器、四通阀等主要部件连接成封闭的制冷系统。在制冷回路中，压缩机将低温低压的气态制冷剂压缩成高温高压的过热气体进入冷凝器，通过冷凝风机使外界空气与冷凝器进行强制换热后通过电子膨胀阀节流降压进入蒸发器，通过通风机使客室与外界新风组成的混合空气与蒸发器进行强制换热，蒸发器内的液体蒸发成为低压气体，再被压缩机吸入，完成一个制冷循环。压缩机连续工作，达到连续制冷的效果。车内空气由通风机从回风口吸入与新风混合后经过蒸发器除湿降温，并由出风口吹出，向车内提供冷量，在制冷系统连续工作下使车内温度逐渐降低，并由空调机组本身自动控制车内温度。制热时通过四通阀换向，与制冷循环相反，如图 1-1-1 所示。

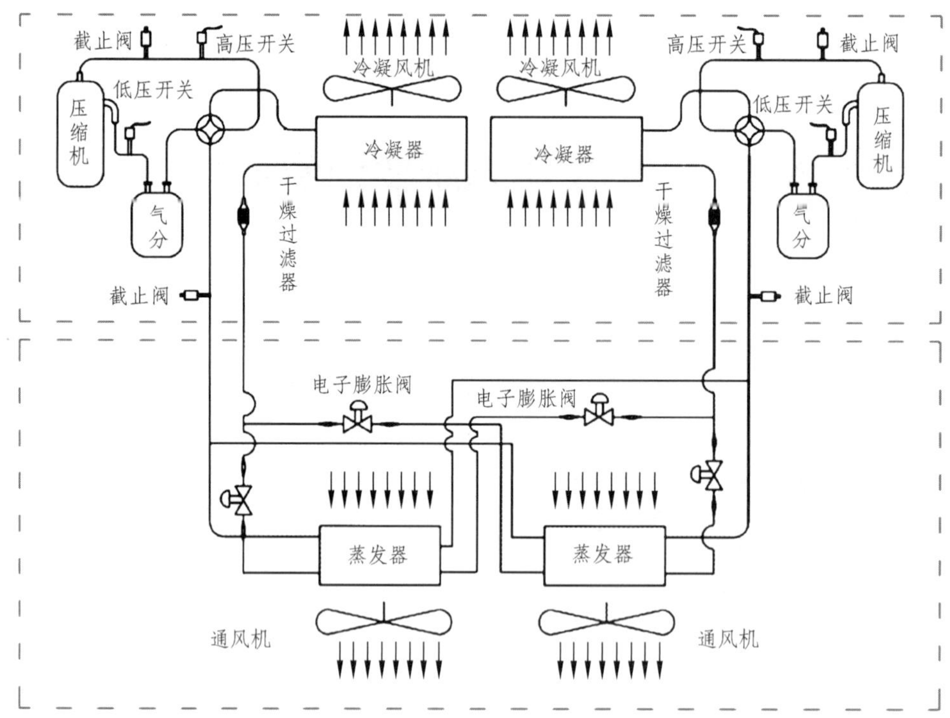

图 1-1-1　空调工作原理

（1）空调外形机构及组成（表 1-1-1）。

表 1-1-1　空调机组的主要组成部件

名称	数量	名称	数量
不锈钢壳体	1 个	压缩机	2 台
冷凝风机	2 台	通风机	2 台
冷凝器	2 台	蒸发器	2 台
干燥过滤器	2 个	节流装置（电子膨胀阀）	4 组
新风阀	2 个	回风阀	1 个
高压压力开关	2 个	低压压力开关	2 个
视液镜	2 个	气液分离器	2 个
新风滤网	2 套	混合风滤网	2 套

空调机组各零部件组装在一个不锈钢板制成的箱体内，加盖板后形成一个整体。

空调机组分为室内侧和室外侧，室内侧为蒸发腔，室外侧分为压缩机腔和冷凝腔。通风机、蒸发器、回风阀等安装在蒸发腔；压缩机、压力开关、干燥过滤器等安装在压缩机腔；冷凝风机和冷凝器等安装在冷凝腔，如图 1-1-2 所示。

空调机组的箱体和上盖全部采用不锈钢板制成。组成制冷系统的部件及配管全部用银钎焊连接，构成全封闭的制冷循环系统，制冷剂 R407C 封闭在制冷系统内。

空调机组新风口处装有新风过滤网，对机组新风进行过滤。混合风过滤网安装在机组内部蒸发器前，对新风回风混合空气进行过滤。如图 1-1-3 和图 1-1-4 所示。

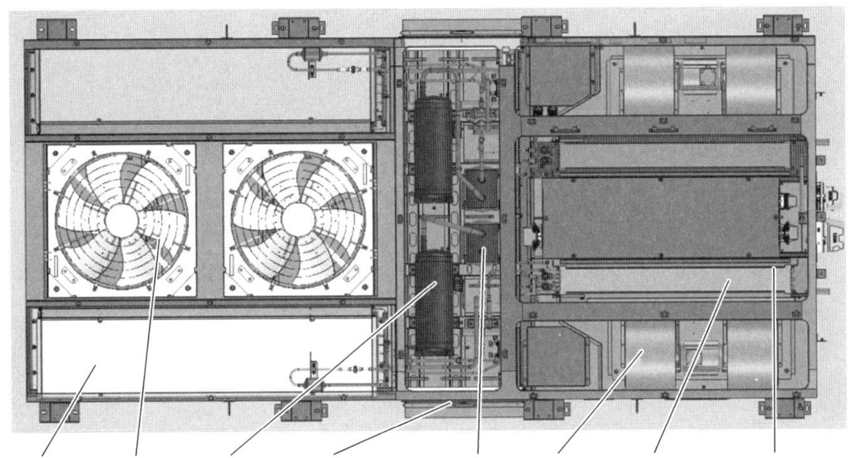

图 1-1-2　空调机组内部布局

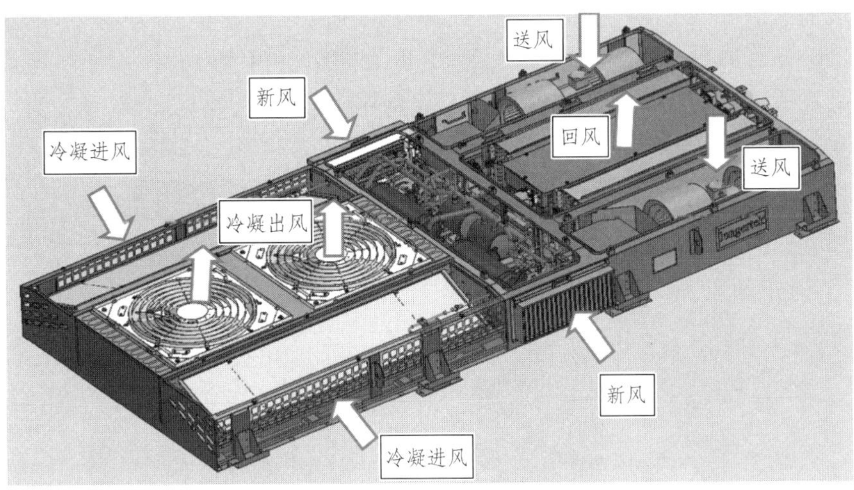

图 1-1-3　空调机组风路

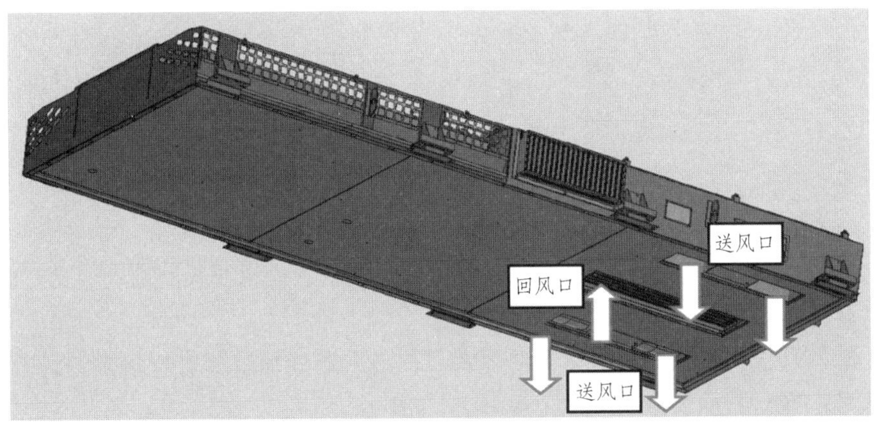

图 1-1-4　空调机组送回风方式

（2）空调控制。

① 每车设一台空调控制盘，TMc 车控制盘控制两台客室空调机组和一台司机室空调机组；M 车控制盘控制两台客室空调机组。

② 分为集控和本控，可整列车集中控制，也可单车控制。

③ 本控：设模式选择开关，可实现对本车空调的控制。

④ 集控：通过司机室进行对整列车空调控制。

（3）紧急通风。

① 在三相 380V、50Hz 交流电源失效的情况下，由 DC 110 V 蓄电池作为供电电源，通过机组内部的紧急通风逆变器给空调机组的通风机供电，保证紧急通风 45 分钟。

② 紧急通风时，空调机组回风阀全关，保证送入客室和司机室的全部为新风。

2. 空调主要部件

（1）压缩机

压缩机为卧式全封闭变频涡旋、无级变频控制方式，零电流变频启动，低噪声、低震动、高可靠性，通过橡胶减震垫安装在空调机组箱体内。

制冷压缩机的作用是加工制冷剂，并将其输入至蒸发器或冷凝器，实现制冷或制热循环，如图 1-1-5 所示。

图 1-1-5　压缩机

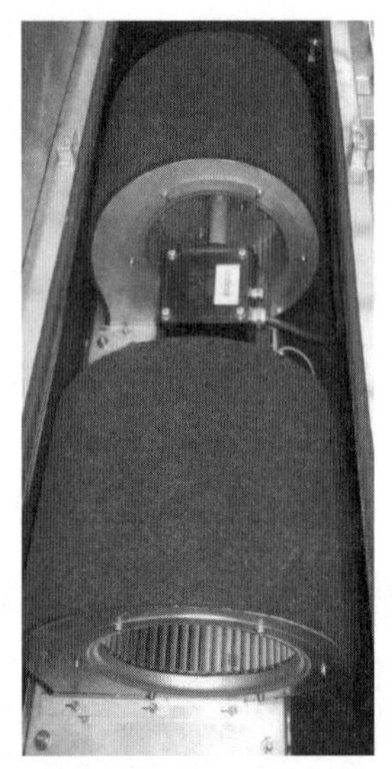

图 1-1-6　通风机

（2）通风机。

通风机采用不锈钢蜗壳和叶轮、交流异步电机，采用变频器驱动，具有低噪声、低震动、高可靠性等特点。

通风机从回风口吸入气体与新风混合后进入室内换热器进行热交换，并由出风口吹出，通过风道进入客室内，如图 1-1-6 所示。

（3）冷凝风机。

冷凝风机为低噪声轴流式防水风机，电机和叶轮直接相连。

冷凝风机吸入室外空气，经过室外换热器后，进行强制性热交换，从而完成热量的转换，如图 1-1-7 所示。

图 1-1-7 冷凝风机

图 1-1-8 蒸发器

（4）蒸发器。

蒸发器采用铜管亲水铝箔翅片。车内循环空气和新鲜空气混合后，通过蒸发器时进行热交换，实现制冷/制热效果，如图 1-1-8 所示。

（5）冷凝器。

冷凝器采用铜管亲水铝箔翅片。借助冷凝风机，在室外进行强制热交换，如图 1-1-9 所示。

图 1-1-9 冷凝器

图 1-1-10 回风阀

（6）回风阀。

回风阀安装在回风口上方，通过回风阀的开关控制客室机组的回风量，如图 1-1-10 所示。

（7）新风滤网。

每台空调机组安装 2 个新风滤网，安装在新风口处，为不锈钢丝网结构，对室外侧新风有过滤作用，防止异物吸入，如图 1-1-11 所示。

图 1-1-11　新风滤网

图 1-1-12　电气连接器插座

（8）电气连接器插座。

每台空调机组安装 2 个连接器插座，一个为机组主回路供电连接，一个为控制回路供电、信号连接，出厂时有防尘盖防护，如图 1-1-12 所示。

（9）车控器。

每台控制盘设有 1 台车控器，通过 MVB 端口与车上 TCMS 通信，实现命令及信息的传递和交换。

通过以太网端口外接计算机，通过上位机监控软件查看机组的运行状态及故障信息；通过内部控制逻辑可实现通风、制冷、制暖、紧急通风及停机等功能，如图 1-1-13 所示。

图 1-1-13　车控器

3. 空调控制方式

空调的控制模式包括集控模式和本控模式。

（1）集控模式。

所有客室空调和司机室空调通过 TCMS 集中控制，HMI 上可单独设定司机室空调及每节车厢空调的运行模式及设定温度。空调控制器上电后，如果 MVB 通信正常，客室空调默认进入集控模式。

（2）本控模式（优先级高于集控模式）。

本控模式是不接受 TCMS 的指令，通过车控器对单节车厢的两台空调机组进行模式和温度设定控制。

本控模式中设有停止、通风、手动暖、自动暖、手动冷和自动冷等多个工作模式。

① 手动制冷模式。

a. 此模式细分为“制冷”“预冷”两个阶段。

b. 当空调机组首次开机，且 $T_{in} \geqslant T_s + 3$ ℃时，空调进入预冷条件。

c. 制冷模式下，客室内设定温度范围为 19 ~ 27 ℃。

② 手动制暖模式。

a. 此模式细分为“制暖”“预热”两个阶段。

b. 当空调机组首次开机，且 $T_{in} \leqslant T_s - 3$ ℃时，空调进入预热条件。

c. 制暖模式下，客室内设定温度范围为 12 ~ 18 ℃。

③ 通风模式。

只有通风机工作，回风阀和新风阀全部打开。

④ 自动模式。

空调通过检测车厢外部温度，自动判定机组的运行模式。

自动冷设定温度根据 UIC553 曲线来定，$T_s=22+1/4(T_{a\_out}-19)$；

自动暖设定温度默认为 20 ℃。

模式判定条件为：

$T_{a\_out} \leqslant 16$ ℃时：空调机组运行自动暖模式；

当 16 ℃ < T_{a_out} < 19 ℃时：空调机组运行通风；

当 $T_{a\_out} \geqslant 19$ ℃时：空调机组运行自动冷模式。

⑤ 停机模式。

当空调机组接收到停机命令后，空调机组各个部件停止工作，风阀全部关闭。

三、实训要求

1. 实训时长

教学课时为 2 课时。

2. 实训形式

在实物 CR400AF 动车组塞拉门硬件设备上进行实训演练。学生每 5 人组成一个工作小组，各小组制定实施方案及工作计划。每个小组选出 1 名组长，协助教师指导本组学生学习，检查实训进度和质量，制定改进措施，共同完成项目任务。

3. 实训注意事项

（1）未经教师或管理员允许不得擅自操作。

（2）进行整体认知前需要切断电源。

（3）切勿用手触摸开关、连接器等电气设备。

（4）切勿把手或其他物品伸进风机扇叶。

（5）切勿用手去摸工作中的冷媒配管及压缩机，因为工作中的冷媒配管里的冷媒处于流动状态，或高温或低温，用手接触可能烫伤或冻伤。

（6）当空调系统在运行时，尽量不要站在空调正出风口处，以免杂物吹出伤眼。

（7）当需要在运行中的空调系统的转动部分（如通风机、冷凝风机等）周围工作时，注意不要使衣服垂下卷入部件中。在触摸风机前，要使其停止。

（8）不要把任何异物放入风口中，否则将会损坏叶片。

（9）不要封堵空调机组的进风口。

（10）不要把任何液体喷入空调机组中，以免损坏机组或液体被甩出伤人。

（11）机组顶盖拿掉以后不允许启动机组，因为机组产生的高温高压可能引发火灾或触电。

4. 工器具材料准备

方孔钥匙（用于打开空调壳体盖板）。

四、实训作业步骤

1. 实训操作流程图如图 1-1-14 所示。

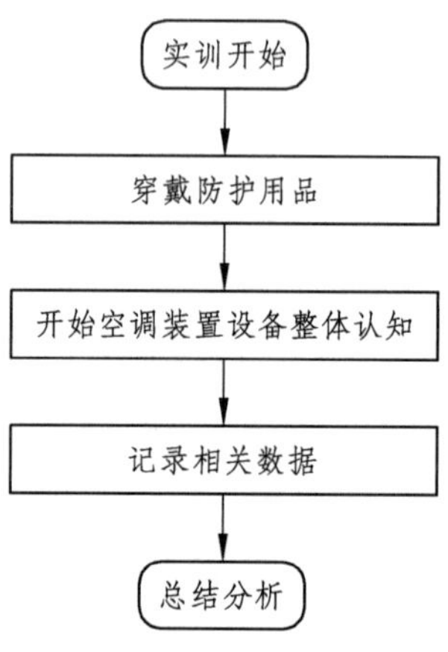

图 1-1-14　实训操作流程

2. 实训作业流程（表 1-1-2）

表 1-1-2　实训作业流程

工序	实训内容	使用工具	安全注意事项	作业结果记录
1	空调机构及组成认知	四角钥匙	开关空调盖板时注意个人防护，防止夹伤	

续表

工序	实训内容	使用工具	安全注意事项	作业结果记录
2	空调工作原理认知	笔、本等	开关空调盖板时注意个人防护，防止夹伤	
3	空调控制方式认知	笔、本等	开关空调盖板时注意个人防护，防止夹伤	

五、实训考核标准（表1-1-3）

表 1-1-3　实训考核标准

项目	标准	配分	得分
空调机构及组成考核	手指空调机构并口呼该设备名称	35	
空调工作原理考核	能够简述空调的工作原理	35	
空调控制方式考核	能够简述空调的控制方式	30	

六、思考题

（1）空调的制冷工作原理是什么?

（2）空调的结构组成是怎样的?

任务二　空调系统的日常检查与维护

一、实训目的

掌握空调系统的日常检查与维护操作流程。

二、理论链接

1. 检修周期（表 1-2-1）

表 1-2-1　检修周期

维修频率	检修内容
每天	安全检查
月检（运行 12 000 km）	混合风滤网的清洁 新风滤网的清洁
半年检（运行 75 000 km）	冷凝器和蒸发器的清洁 排水口的清理
年检（运行 150 000 km）	管路固定器的检查 保温材料的检查 螺纹连接件的检查 通风机的检查 冷凝风机的检查 风机轴承的检查 更换新风滤网

续表

维修频率	检修内容
架修（运行 750 000 km 或 5 年）	检查压缩机 高、低压压力开关的检查 干燥过滤器的检查 绝缘电阻检查 电气连接端子的检查 更换混合风滤网框架 更换通风机轴承 更换冷凝风机轴承
大修（运行 1 500 000 km 或 10 年）	更换回风阀 更换压缩机安装螺栓以及减震器 盖板和部件表面的检查 更换电气连接端子 更换主、控回路连接器 更换接触器 更换冷凝风机 更换通风机 更换干燥过滤器 更换气液分离器 更换压缩机 更换电子膨涨阀 更换高、低压压力开关 更换冷凝器和蒸发器 更换铜管 更换保温材料 更换管路固定器 更换螺纹紧固件

三、实训要求

1. 实训时长

教学课时为 2 课时。

2. 实训形式

在实训室空调实训设备上进行认检查与维护实训演练。每 5 人组成一个工作小组，各小组制定实施方案及工作计划。每个小组选出 1 名组长协助教师指导本组学生学习，检查实训进度和质量，制定改进措施，共同完成项目任务。

3. 实训注意事项

（1）未经教师或管理员允许不得擅自操作。

（2）切勿用手触摸开关、连接器等电气设备。

（3）切勿把手或其他物品伸进风机扇叶。

（4）切勿用手去摸工作中的冷媒配管及压缩机，因为工作中的冷媒配管里的冷媒处于流动状态，或高温或低温，用手接触可能烫伤或冻伤。

（5）当空调系统在运行时，尽量不要站在空调正出风口处，以免杂物吹出伤眼。

（6）当需要在运行中的空调系统的转动部分如通风机、冷凝风机等周围工作时，注意不要使衣服垂下卷入部件中。在触摸风机前，要使其停止。

（7）不要把任何异物放入风口中，否则将会损坏叶片。

（8）不要封堵空调机组的进风口。

（9）不要把任何液体喷入空调机组中，以免损坏机组或液体被甩出伤人。

（10）机组顶盖拿掉以后不允许启动机组，因为机组产生的高温高压可能引发火灾或触电。

4. 工器具材料准备

方孔钥匙（用于打开空调壳体盖板）、组合式压力表、R407C 专用回收和充注机高压空气、清水、刷子、高压空气喷枪或吸尘器。

四、实训作业步骤

1. 实训操作流程如图 1-2-1 所示。

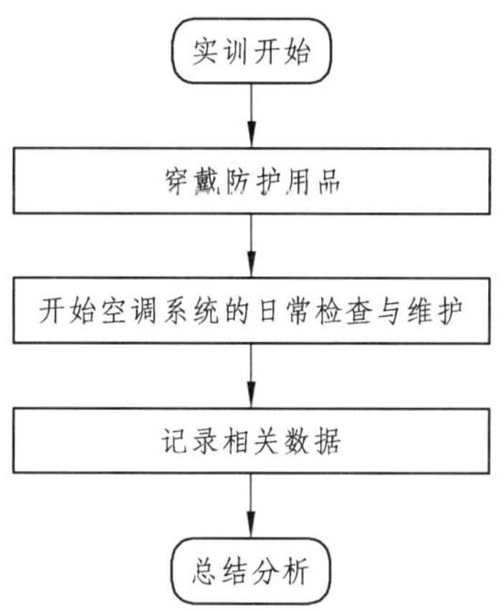

图 1-2-1　实训操作流程

2. 实训作业流程（表 1-2-2）

表 1-2-2　实训作业流程

工序	实训内容	作业结果记录
1	空调系统的检修周期以及检修内容认知	
2	安全检查 通电前，检查空调系统有喷漆的表面是否有涂层脱落现象，内外表面是否有灰尘粘附现象，标记符号是否脱落，螺栓等紧固件是否松动。 通电后，将空调全部打开到所要执行的制冷或制热功能，聆听确认风机运转是否有异音，确认送风口是否有风吹出等	

续表

工序	实训内容	作业结果记录
3	新风滤网清洁 （1）从机组中取出新风滤网； （2）用压缩空气喷枪从出风侧吹尘或用吸尘器从进风侧吸尘； （3）用毛刷清洗新风滤网上的土尘，用清水冲洗，直至干净； （4）将新风滤网滤晾干后，安装回机组内	

五、实训考核标准（表1-2-3）

表 1-2-3 实训考核标准

项目	标准	配分	得分
空调的检修周期考核	能够准确说出空调的检修周期	35	
安全检查考核	能够对空调进行正确的安全检查	35	
新风滤网清洁考核	能够正确的对空调新风滤网清洁	30	

六、思考题

空调检查及维护时，有哪些事项要注意？需要用到哪些防护用品？

任务三 空调装置的故障分析与处理

一、实训目的

掌握空调装置的故障现象和处理流程。

二、理论链接

在空调系统发生设备故障时，控制器将向列车中央控制单元报告相关故障信息；同时故障代码也将存储于控制器内。根据故障种类的不同，控制系统将采取不同的故障处理策略。

为了方便检修人员快速判断及排除空调系统故障，本节将以故障列表形式列出空调系统常见故障及故障处理方法。

1. 故障列表（表 1-2-1）

表 1-3-1 空调机组故障列表

索引	故障名称	原因分析	处理措施
1	空调系统不启动	三相电故障	检查相关电气线路
		直流电故障	检查相关电气线路

续表

索引	故障名称	原因分析	处理措施
1	空调系统不启动	三相检测继电器故障	维修或更换三相检测继电器
		直流电源故障	维修或更换直流电源
		控制器故障	更新应用程序或更换控制器
		网络故障	检测网络线路
2	通风系统故障	通风机故障	—
		风量过小	—
2.1	通风机故障	过载继电器	复位过载继电器并检查过载继电器触发原因，必要时更换过载继电器
		热磁断路器	复位热磁断路器并检查热磁断路器触发原因，必要时更换热磁断路器
		通风机接触器故障	检测接触器控制电压是否正常，必要时更换接触器
		通风机故障	检修通风机，必要时更换通风机
2.2	风量过小	过滤器堵塞	目视检查，清洗过滤器
		蒸发器散热片脏堵	目视检查，对换热器进行清洗
		蒸发器冻结	目视检查，停压缩机，开通风机，除霜
		风道等连接部分有泄露	依次对风道进行盘查，修理
		风机叶片积垢	对风机进行检查，并清洗
		通风机反转	调换相序
		风阀未打开或部分打开	目视检查，并对风阀和其执行器进行检修
3	制冷系统故障	通风系统故障	—
		压缩机故障	—
		高压压力开关动作	—
		低压开关动作	—
		温度传感器故障	如果两个机组的新风温度传感器同时损坏或两个机组的回风温度传感器同时损坏，机组将禁止制冷系统启动。 温度传感器故障排除请参考索引 5
3.1	压缩机故障	电机保护器触发	复位电机保护器并检查电机保护器触发原因，必要时更换电机保护器
		压缩机接触器故障	检测接触器控制电压是否正常，必要时更换接触器
		压缩机故障	检修压缩机，必要时更换压缩机
		压缩机反转	调换相序
3.2	高压压力开关动作	空气或非冷凝气体混合	回收制冷剂之后，再充注规定的量

续表

索引	故障名称	原因分析	处理措施
3.2	高压压力开关动作	制冷剂充注过量	回收制冷剂之后，再充注规定的量
		冷凝风机故障	—
		制冷剂管道堵塞	检查制冷剂管道
		高压压力开关故障	更换开关
3.3	低压开关动作	制冷剂泄露	—
3.4	冷凝风机故障	电机保护器触发	复位电机保护器并检查电机保护器触发原因，必要时更换电机保护器
		冷凝风机接触器故障	检测接触器控制电压是否正常，必要时更换接触器
		冷凝风机故障	检修冷凝风机，必要时更换冷凝风机
		冷凝风机反转	调换相序
4	制暖系统故障	通风系统故障	—
		电加热故障	—
		温度传感器故障	如果两个机组的新风温度传感器同时损坏或两个机组的回风温度传感器同时损坏，机组将禁止制暖系统启动
4.1	电加热故障	热磁断路器触发	复位热磁断路器并检查触发原因，必要时更换热磁断路器
		电加热接触器故障	检测接触器控制电压是否正常，必要时更换接触器
		电加热故障	检修电加热，必要时更换电加热
5	温度传感器故障	短线或温度传感器损坏	使用万用表检测温度传感器是否断线或短接，另外可参考温度-电阻对应表判断温度传感器是否损坏，必要时更换温度传感器
6	异常震动或噪声大	压缩机反相	调整相序
		压缩机电机异常	更换压缩机
		通风机或冷凝风机安装不紧固	拧紧安装螺栓
		通风机叶轮不平衡	重新调整叶轮平衡
		通风机叶轮与外壳互相干扰	拆下叶轮，重新调整间隙
		空调固定螺栓松开	拧紧安装螺栓
		位于空调安装部分的橡胶减振装置疲劳设置或破损	更换橡胶减振装置
		空调与车体直接接触	检查安装
		其他装置安装松动	拧紧安装螺栓

续表

索引	故障名称	原因分析	处理措施
7	耗电过大	制冷剂充注过多	回收制冷剂之后，再充注规定的量
		风机、压缩机电机异常	检查，及时更换电机
		无风阻开机运行	按要求正常操作空调机组
8	漏水	排水口堵塞	清扫
		安装不良风口密封垫处渗水	进行正常安装
		机组顶部密封胶条破损或保温材料破损	更换易损件
		车内风道内凝露形成水珠，从出风口吹出	清洗蒸发器及水盘水道，排清积水
9	通风单元通风机故障	电机保护器触发	复位电机保护器并检查电机保护器触发原因，必要时更换电机保护器
		通风机接触器故障	检测接触器控制电压是否正常，必要时更换接触器
		变压器故障	更换变压器
		电容故障	更换电容
		通风机故障	检修通风机，必要时更换通风机
10	风量过小	电压过低	检查三相电压
		风嘴未打开或开度小	目视检查，手动调节风嘴开度
11	通风单元电加热故障	通风单元通风机故障	—
		热磁断路器触发	复位热磁断路器并检查触发原因，必要时更换热磁断路器
		电加热接触器故障	检测接触器控制电压是否正常，必要时更换接触器
		温控器故障	检查温控器，必要时更换
		电加热故障	检修电加热，必要时更换电加热
		温度传感器故障	—

2. 快速检查

在使用故障列表查找空调故障之前，首先检查以下项目以便快速排除故障。

检查控制盘动力电源是否正常：三相交流 380 V，50 Hz。

检查控制盘直流电源是否正常：直流 110 V。

检查控制盘所有断路器处在开启位置。

检查控制器是否正常运行。

控制器在上电后首先自检，自检时间约为 30 s，在自检结束后，控制器启动应用程序开始正常工作。在正常工作时，控制器前面板上的三个指示灯循环依次点亮。

3. 测量

（1）制冷系统泄露的检查。

检查前的必要条件：切断电源。

专用工具：检漏仪。

消耗品：肥皂水。

操作流程：

为了定位泄漏点，可以采用以下方法，几种方法应视故障的具体情况采用，也可以配合使用，以尽快定位泄漏部位。

① 外观检漏。

氟利昂制冷系统冷冻油随制冷剂一起在内部循环，若某处有泄漏，冷冻油会随之漏出，因此从外观上可看出油迹。也可用干净的白纸擦拭检查。

② 压力检漏。

通过充注适当的干燥氮气压进行检漏。主要是为了检验系统管路中存在的较大漏点及虚焊产生的漏点。如果在充压过程中，制冷系统充注一定压力后很快降压，表明制冷系统一定有泄漏，必须进行具体的查找，以确定漏点。具体操作如下：

a. 在系统高压截止阀处安装压力表。

b. 在系统低压截止阀处接氮气充注管，确信接头无松动、无泄漏，连接完好，开启低压截止阀及氮气瓶，注入干燥氮气，直至压力表指针稳定显示在 1.62MPa 后，关闭氮气瓶和低压截止阀，轻敲各管路接头。

c. 保压要求。

机组连续保压在 48 小时以上，详细记录保压 24 小时和 48 小时后的相关数据（包括记录时间、温度、压力等）。

计算值在偏差范围内即确认系统无泄漏，若计算值超出偏差范围，则需要放掉系统内的氮气，寻找泄漏点。

③ 肥皂水检漏。

这是一种最普通的检漏方法，将肥皂水用毛笔涂于被检处进行仔细观察，若有气泡出现即该处有泄漏。这种泄漏的前提是空调机组内有残留制冷剂。

④ 检漏仪检漏。

制冷系统内部若仍有一定压力的制冷剂而又有泄漏时，可用检漏仪检漏。

卤素检漏仪是一种电子式检漏仪器，适用于空调器的检漏。卤素检漏仪比较灵敏，有的灵敏度可达 5 g/a 以下。当检测到有制冷剂的泄漏时这种仪器会发出蜂鸣报警。使用时，仪器的探口移动速度不大于 50 mm/s。被检部与探口间的距离应为 3 ~ 5 mm。由于灵敏度较高，故电子检漏不适宜在有卤素物质和其他烟雾污染的环境中使用。

⑤ 浸水检漏。

这种方法适用于制冷部件的检漏，如压缩机的检漏，在压缩机大修组装以后，向其内部充入氮气（压力 0.8 ~ 1.0 MPa）后置于水槽中检漏。

水槽内的水必须干净透明，能见度好，在被检物浸入水中后一定要等表面平静后再进行观察，若有气泡冒出即表明该处是漏点。

（2）制冷系统抽真空。

抽真空是将内部的残余气体抽出，排除内部的湿气和不凝结气体，为充注制冷剂创造条件。抽真空也是一种对制冷系统进行检漏的方法，若在抽真空过程中制冷系统一直达不到所要求的真空度，表明系统还有泄漏的可能。

必要条件：切除设备电源。

专用工具：真空泵、压力表。

R407C 专用回收和充注机如图 1-3-1 所示。

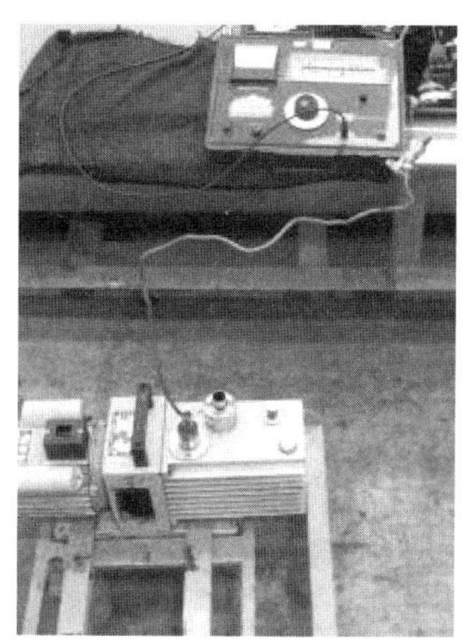

图 1-3-1　R407C 专用回收和充注机

操作程序：

① 打开压缩腔盖板。

② 将高、低压截止阀与真空泵管路相连。

③ 打开高、低压截止阀。

④ 启动真空泵，对系统进行抽真空。

⑤ 抽空 4 小时后，查看真空度检测仪的读数，若读数小于 30 Pa，为合格，否则须继续抽空操作。

⑥ 抽空 4 小时后，若读数一直维持在 30 Pa 以上某个数值不变，说明系统可能有泄漏点，需进行检漏操作。

4. 试验

（1）试验要求。

运转前的检查。

在运转空调机组之前，必须对下列项目进行检查，在确认没有问题之后，方可开始运转。

① 配线是否确实接好。

② 电气回路是否正常。

③ 主回路及控制回路的绝缘电阻是否均正常。

④ 通风机的叶轮是否碰风筒的内壁。

（2）运转确认。

① 通风机的运转。

室内通风机运转时，确认车内是否有风吹出，风量极小时，可认为是风机反转，需将电源相序调整正确，即将三相中的任意两相对调（注意，空调机组出厂时各电机的相序已调好，请不要随意调换），再确认是否有异常振动和异常噪声。

② 冷凝风机的运转。

确认空调系统室外轴流风机的运转是否正常，旋转方向是否正确。

③ 制冷运转。

全制冷状态时，确认是否有异常振动、异常噪声，同时注意电流读数。

（3）空调机组的安全运行。

① 空调机组的安全操作。

开机之前，必须认真检查电气系统的安全性，严格按照电工操作规则进行操作。在进行电气控制盘的检修时，必须切断电源，严禁带电作业。

② 空调系统的保护措施。

为了确保空调机组可靠、安全地工作，空调机组具有以下保护措施：

a. 电源有过压、欠压、缺相和相序错误保护。

b. 通风机、轴流风机和压缩机设过载保护。

c. 压缩机设高、低压力保护；当空调机组出现故障时，必须查明原因，排除故障后才允许重新启动，严禁带故障强行启动。

d. 低温运转。当蒸发器吸入的空气温度在 19℃以下时，即为低温运转。此时，由于可能在蒸发器上引起结霜现象从而导致对压缩机造成损伤，所以请避免在这样的条件下运转。

e. 再次启动。在短时间内，不要使室外风机或压缩机反复启动、停止。由于启动电流将加快电机的绝缘老化和电磁接触器等配电盘电气元件的触点损耗，所以再次启动时，一定要间隔 3 min 以上（正常线路上运行过断电区的情况除外）。

f. 试验记录表。测量空调机组各电机的三相电流，填写表 1-3-2。

表 1-3-2 试验记录表

部件	电流	
通风机		
冷凝风机		
压缩机		

三、实训要求

1. 实训时间

教学课时为 2 课时。

2. 实训形式

在实训室空调实训设备上进行设备检查与维护实训演练。学生每 5 人组成一个工作小组，各小组制定实施方案及工作计划。每个小组选出 1 名组长，协助教师指导本组学生学习，检查实训进度和质量，制定改进措施，共同完成项目任务。

3. 实训注意事项

（1）未经教师或管理员允许不得擅自操作。

（2）切勿用手触摸开关、连接器等电气设备。

（3）切勿把手或其他物品伸进风机扇叶。

（4）切勿用手去摸工作中的冷媒配管及压缩机，因为工作中的冷媒配管里的冷媒处于流动状态，或高温或低温，用手接触可能烫伤或冻伤。

（5）当空调系统在运行时，尽量不要站在空调正出风口处，以免杂物吹出伤眼。

（6）当需要在运行中的空调系统的转动部分如通风机、冷凝风机等周围工作时，注意不要使衣服垂下卷入部件中。在触摸风机前，要使其停止。

（7）不要把任何异物放入风口中，否则将会损坏叶片。

（8）不要封堵空调机组的进风口。

（9）不要把任何液体喷入空调机组中，以免损坏机组或液体被甩出伤人。

（10）机组顶盖拿掉以后不允许启动机组，因为机组产生的高温高压可能引发火灾或触电。

4. 工器具材料准备

方孔钥匙（用于打开空调壳体盖板）。

四、实训作业步骤

1. 实训流程如图 1-3-4 所示。

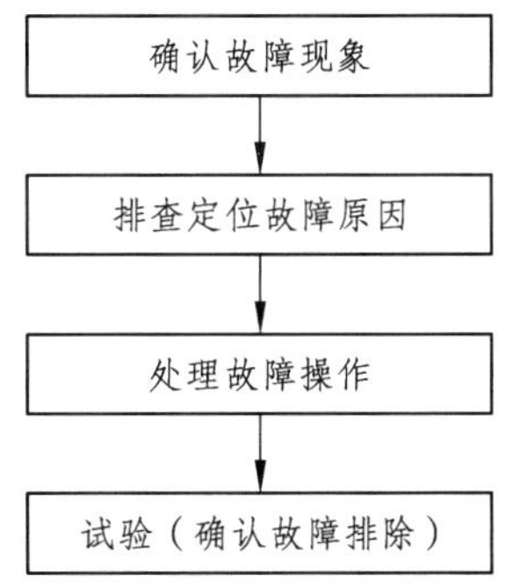

图 1-3-4　故障分析与处理流程

2. 实训作业流程（表 1-3-3）

表 1-3-3　实训作业流程

实训内容	故障原因	处理方法	作业结果记录
空调装置故障：异常震动或噪声大	压缩机反相	调整相序	
	压缩机电机异常	更换压缩机	
	通风机或冷凝风机安装不紧固	拧紧安装螺栓	

续表

实训内容	故障原因	处理方法	作业结果记录
空调装置故障：异常震动或噪声大	通风机叶轮不平衡	重新调整叶轮平衡	
	通风机叶轮与外壳互相干扰	拆下叶轮，重新调整间隙	
	空调固定螺栓松开	拧紧安装螺栓	
	位于空调安装部分的橡胶减振装置疲劳设置或破损	更换橡胶减振装置	
	空调与车体直接接触	检查安装	
	其他装置安装松动	拧紧安装螺栓	

五、实训考核标准（表1-3-4）

表 1-3-4　实训考核标准

项目	标准	配分	得分
空调装置故障：异常震动或噪声大	能够叙述空调装置故障：异常震动或噪声大的原因和处理措施以及正确处理该故障	100	

六、思考题

1. 空调不制冷故障的分析与处理的流程是什么？

任务四　空调加热系统的日常检查与维护

一、实训目的

掌握空调加热系统的日常检查与维护操作方法。

二、理论链接

地铁车辆主要运行在地下隧道，乘客密度大，因此需要通风换气、改善车内空气品质。北京地铁车辆采用机械通风（有的在司机室设有空调）；上海、广州、南京、深圳地区夏季气温较高，因此所有车辆都设置了空调装置，客室和司机室内夏季采用制冷，其中上海地铁司机室内设有冬季取暖，其余情况下采用强迫通风。

机械强迫通风系统是车辆空调装置中唯一不分季节而长期运作的系统，因此它的质量状态直接影响到旅客的舒适性和空调装置的经济学。一般城轨车辆采用机械强迫通风方式，依靠通风机所造成的空气压力差，车内送风道输送经过处理后的空气，从而达到通风换气的目的。地铁车辆气流如图 1-4-1 所示，送风方式如图 1-4-2 所示。

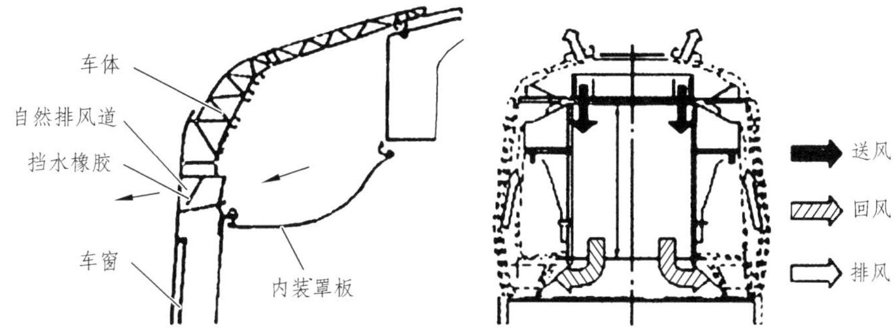

图 1-4-1　地铁车辆空调系统气流

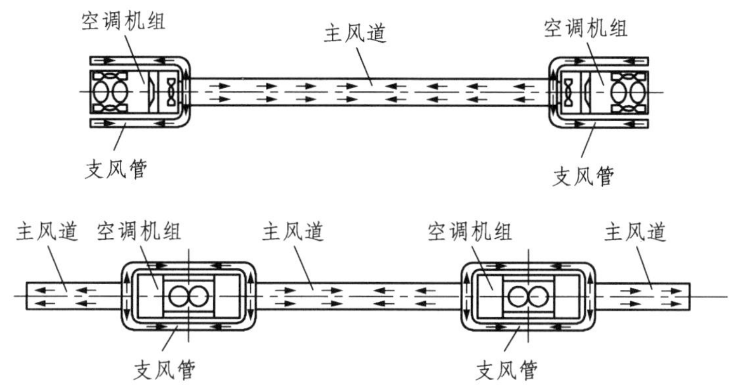

图 1-4-2　送风方式图

空调机组定期保养内容见表1-4-1。

表 1-4-1　实训作业流程

分类	部件名称	周期	检查方法及处理
换热器	室外换热器 室内换热器	1 次/年	（1）把压缩空气按运转时的反方向吹入肋片间隙或从脏物附着的一侧用吸尘器进行吸尘。 （2）特别脏时，用溶化的中性洗涤剂温水进行清洗
配管		1 次/年	如果管路上有油迹，是因为制冷剂泄漏，应进行补漏修
过滤网	新风过滤网	1 次/年	用肥皂水清洗后清水漂洗，晾干
	室内换热器过滤网	1 次/年	用肥皂水清洗后清水漂洗，晾干
风机	室外风机	1 次/年	（1）擦除室外通风机的铁锈。 （2）运转时，发现有异常声音振动时，请更换轴承或电机
	室内风机	1 次/年	（1）清扫风机，特别是附着在叶片内侧的灰用软毛刷刷洗（不要使叶片变形）。 （2）运转时，发现振动或有异常声音，请更换球轴承
排水孔		1 次/年	检查确认室内换热器下接水盘排水孔及室外部分排水孔没有灰尘或异物堵塞

三、实训要求

1. 实训时长

教学课时为 1 课时。

2. 实训形式

在实物空调硬件设备上进行实训演练。学生每 5 人组成一个工作小组，各小组制定实施方案及工作计划。每个小组选出 1 名协助教师指导本组学生学习，检查实训进度和质量，制定改进措施，共同完成项目任务。

3. 实训注意事项。

（1）未经教师或管理员允许不得擅自操作。
（2）进行整体认知前需要切断电源。
（3）切勿用手触摸开关、连接器等电气设备。
（4）切勿把手或其他物品伸进风机扇叶。
（5）切勿用手去摸工作中的冷媒配管及压缩机，因为工作中的冷媒配管里的冷媒处于流动状态，或高温或低温，用手接触可能烫伤或冻伤。
（6）当空调系统在运行时，尽量不要站在空调正出风口处，以免杂物吹出伤眼。

4. 工器具材料准备。

方孔钥匙（用于打开空调壳体盖板）

四、实训操作步骤

1. 实训操作流程如图 1-4-3。

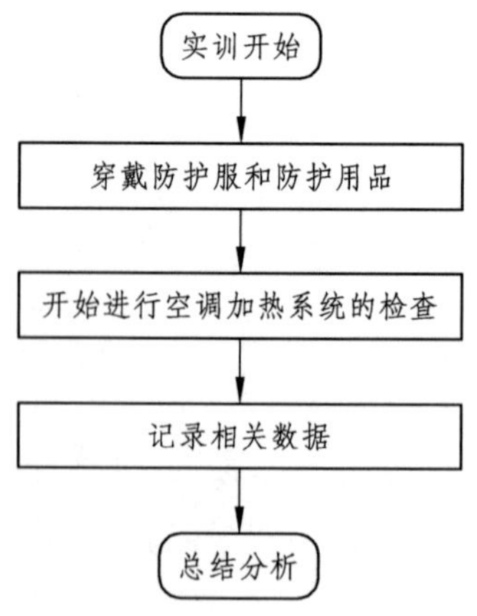

图 1-4-3　实训操作流程

2. 实训作业流程（表 1-4-2）

表 1-4-2 实训作业流程

工序	实训内容	作业结果记录
1	清扫室外换热器。 室外换热器的散热片上落、上灰尘异物时会影响换热效率，使高压侧的压力升高，空调机组效率下降，所以请定期进行清扫或清洗	
2	室内换热器的清扫。 室内换热器脏污，会使车内通风机风量减小，制冷(热)能力不足，甚至会导致室内换热器表面的凝结水被通风机吹入风道内，并通过出风口滴入车内，所以视灰尘的附着情况定期清扫或清洗	
3	排水口的清扫。 将排水口清扫干净，使之不被垃圾或异物等堵塞	
4	辅助电加热器的清扫。 辅助电加热器的表面落上尘垢后，请用压缩空气吹掉	
5	空气过滤网的更换及清洗。 空调机组的室内换热器前和电动新风调解门均设有空气过滤网，过滤网太脏时会使通风机的通风量减少，制冷（热）能力不足，甚至会导致室内换热器表面的凝结水被通风机吹入车内风道，因此必须定期更换和清洗空气过滤网。 新风过滤网设在电动新风调解门处，回风过滤网设在室内换热器前，从车顶打开室内机顶盖后可取下空气过滤网，然后换上干净的备用品，清洗换下的空气过滤网时用水反方向冲洗，再把肥皂水洗净后清水漂洗，晾干备用	
6	风机球轴承的更换。 室内送风机和室外轴流风机的电机球轴承采用全封闭轴承，可以在不供油的条件下长期运转。 当确认球轴承有异音、异味或振动大时，应更换球轴承。拆卸球轴承时，不允许用锤子砸或撬轴承，以防止发生轴弯曲等事故。为了使轴承顺利地装配到轴上，必须将结合部清理干净。 球轴承的拆卸方法。 用拔轴器拆卸。使用市场上出售的拔轴器拆卸时应仔细阅读拔轴器的使用说明书	

五、实训考核标准（表1-4-3）

表 1-4-3 实训考核标准

项目	标准	配分	得分
清扫室外换热器	按照任务指导书清扫室外换热器	20	
室内换热器的清扫	按照任务指导书清扫室内换热器	16	
排水口的清扫	按照任务指导书清扫排水口	16	
辅助电加热器的清扫	按照任务指导书清扫辅助电加热器	16	
空气过滤网的更换及清洗	按照任务指导书更换及清洗空气过滤网	16	
风机球轴承的更换	按照任务指导书更换风机球轴承	16	

六、思考题

空气过滤网的功能是什么？通常多久更换清洗一次？

任务五　空调装置的安装与调试

一、实训目的

掌握空调加热系统的日常检查与维护操作方法。

二、理论链接

空调机组制冷系统采用机械制冷方法，其系统由压缩机、室外换热器、电子膨胀阀、室内换热器等几个主要部件用管道连接起来形成封闭系统。在封闭系统里，由压缩机将制冷剂压缩成高温高压的过热蒸汽进入室外换热器，经外界空气的强制冷却，冷凝成高压液体，进入电子膨胀阀降压成低温低压的液体，经分流器进入室内换热器，吸收通过室内换热器空气的热量，蒸发成为低压蒸汽，再经过汽液分离器被压缩机吸入，再次压缩成高温高压的过热蒸汽，完成一个制冷循环。压缩机不断工作，达到连续制冷的效果。

空调机组制热原理与制冷原理相同，过程相反。

车内循环空气被通风机从回风口吸入与新风混合后进入室内换热器冷却，并由出风口吹出，向车内送出冷风，在制冷系统连续工作下使车内温度逐渐降低，并由温度调节器自动控制车内温度。

室外换热器的冷凝借助于轴流风机，从机组上方吸进室外空气，经过室外换热器后，进行强制性热交换，向机组两侧排出热风，从而完成热量的转换。

三、实训要求

1. 实训时长

教学课时为 2 课时。

2. 实训形式

在实物空调硬件设备上进行实训演练。学生每 5 人组成一个工作小组，各小组制定实施方案及工作计划。每个小组选出 1 名组长，协助教师指导本组学生学习，检查实训进度和质量，制定改进措施，共同完成项目任务。

3. 实训注意事项

（1）未经教师或管理员允许不得擅自操作。

（2）进行整体认知前需要切断电源。

（3）切勿用手触摸开关、连接器等电气设备。

（4）切勿把手或其他物品伸进风机扇叶。

（5）切勿用手去摸工作中的冷媒配管及压缩机，因为工作中的冷媒配管里的冷媒处于流动状态，或高温或低温，用手接触可能烫伤或冻伤。

（6）当空调系统在运行时，尽量不要站在空调正出风口处，以免杂物吹出伤眼。

（7）当需要在运行中的空调系统的转动部分（如通风机、冷凝风机等）周围工作时，注意不要使衣服垂下卷入部件中。在触摸风机前，要使其停止。

（8）不要把任何异物放入风口中，否则将会损坏叶片。

（9）不要封堵空调机组的进风口。

（10）不要把任何液体喷入空调机组中，以免损坏机组或液体被甩出伤人。

（11）机组顶盖拿掉以后不允许启动机组，因为机组产生的高温高压可能引发火灾或触电。

4. 工器具材料准备

方孔钥匙（用于打开空调壳体盖板）。

四、实训操作流程

1. 实训流程如图 1-5-1 所示。

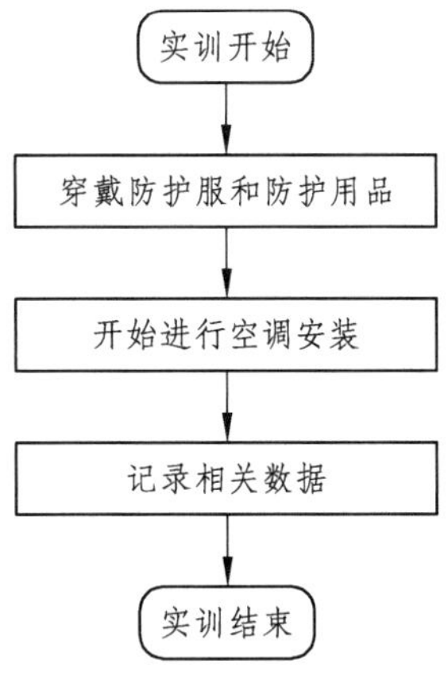

图 1-5-1　实训操作流程

2. 实训作业流程（表 1-5-1）

表 1-5-1　实训作业流程

工序	实训内容	具体步骤	作业结果记录
1	拆箱	空调机组的包装为木箱包装，拆箱时应注意不要碰损空调机组	
2	空调机组的吊装	首先取出减震垫块，分别套在安装螺栓上。 吊装空调机组时，必须使用专用的吊具，通过空调机组两侧的吊耳将机组水平吊起，使机组的安装脚与底板安装座螺栓对正后，将机组缓缓落至安装座处。 吊装完成后，应确保空调机组处于水平位置，然后将空调机组固定牢固	
2	空调机组的吊装	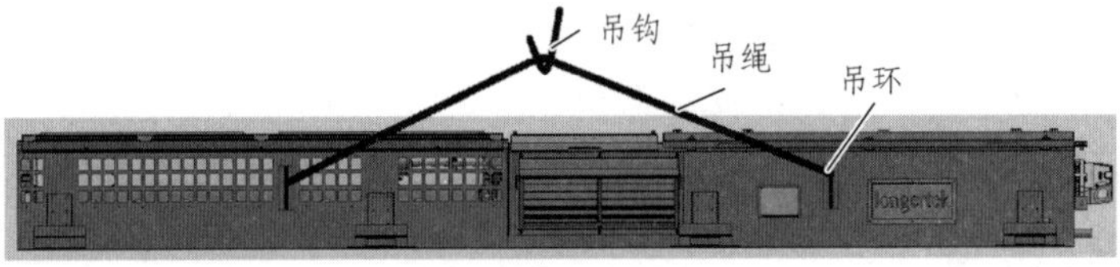 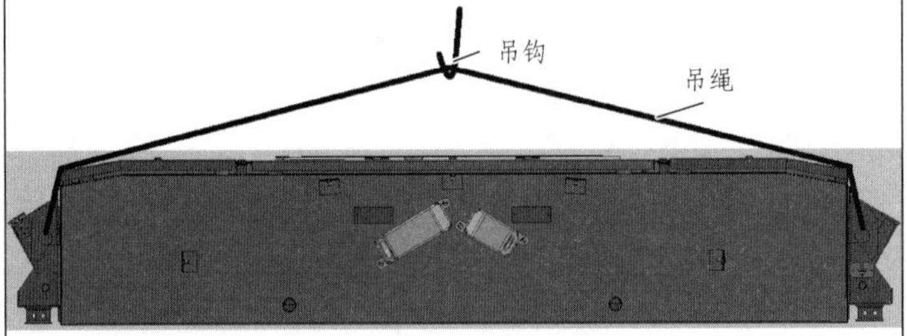 吊钩 吊绳 吊环 吊钩 吊绳	
3	空调机组的电气接线	取出连接器插头，并根据《附图：电连接器定义图》分别把连接器插头与机组输入电源、指令控制信号的线束进行连接。 把连接好的连接器插入空调机组对应的插座内，扣紧连接器插座的固定卡。 在机组标有接地标识的位置，接上车体接地线。	

续表

工序	实训内容	具体步骤	作业结果记录
4	运转前的检查	密封胶条必须与机组底部进行良好接触和密封。 检查两个连接器是否确实接好，螺栓是否拧紧；地线是否接好；室内送风机的风机叶轮是否碰风机壳内壁。 检查列车与空调机组间的通信线路是否连接正确	
5	运转调试确认	（1）开机运行。根据现场环境温度情况，通过维修软件或操作按键选择制冷，并调整设定温度到合理值，使空调机组开始运转。 （2）机组与车辆间的通信确认。确认 TCMS 与空调机组间的通信正常，通过维修软件监控观察是否存在通信故障。 （3）室内送风机的运转确认。室内送风机运转时，请确认车内是否吹风正常，并确认一下是否异常振动，是否有异常噪声。 （4）室外轴流风机的运转确认。请确认室外轴流风机的运转是否正常，并确认一下是否异常振动和异常噪声。 （5）机组正常运转确认。空调机组运行 15 min 后，确认空调机组制冷出风温度与环境温度的温差是否正常	
6	空调机组的安全运行	（1）空调机组的安全操作。 ① 空调机组的操作和管理工作，必须由专业技术的工作人员来承担。 ② 送电之前，必须认真检查电气系统的安全性，严格按照电气操作规则进行操作。 ③ 在进行空调机组的检修时，必须切断电源，严禁带电作业。 （2）空调系统的保护措施。为了确保空调机组可靠安全工作，空调机组在制冷系统和电气系统方面具有以下保护措施： ① 空调机组故障自动化监测保护。 ② 电源有过电压和欠电压保护。 ③ 压缩机有高/低压压力开关保护、高温保护、变频。 ④模块保护（过温、过电压、过电流等）。 ⑤ 风机有过载保护（过温、过电压、过电流等）。 当出现故障时，必须查明原因，排除故障后才允许重新启动，严禁带故障强行启动。 （3）再次启动。在短时间内，请不要使室外风机或压缩机反复启动停止。由于启动电流将加快电机的绝缘老化和电磁接触器等配电盘电气元件地接点消耗。所以再次启动时，至少间隔60 s以上	

五、实训考核标准（表1-5-2）

表 1-5-2　实训考核标准

项目	标准	配分	得分
空调安装实训考核标准	能够按照实训指导书进行按安装，并检查相应位置是否安装牢固	50	
空调调试	能够按照实训指导书进行空调运行调试，并记录相应现象	50	

六、思考题

为什么短时间内不能让室外风机或压缩机反复启动停止？

空调装置实训演练

任务一　空调装置整体认知

一、实训目的

了解 25G 车空调系统设备组成。

二、理论链接

1. 工作原理

空调机组通风运转时，室内的循环空气从设置在平顶上的回风道经过滤处理后与从空调机组尾部新风口进来的经除尘处理的新鲜空气一起吸入到空调机组空气混合室。混合空气经蒸发器时放出多余的热量和水分（夏季时）起到降低车内温度和湿度的作用，或者经电加热器加热（冬季时）起到预热新鲜空气的作用。

经空调机组处理后的空调空气进入车内主风道，然后通过各支风道或送风软管送到风口，最后分配到各处需空调的区域。送入各室的空气吸收车辆围护结构的渗热及人体的散热（夏季）或放出热量补充围护结构和人体的失热（冬季）。

然后，一部分空气通过客室大走廊进入走廊顶封闭腔，通过回风装置回到空调机组内成为循环空气；一部分空气通过厕所上方的废排风机及自然通风器排到车外成为废气。

为了将车辆内部温度维持在 24℃左右（夏季）或 18℃左右（冬季），该空调系统还配置了一套温度自动控制系统——空调控制柜。

2. 空调系统布置。

KLD-29TD 空调机组安装在车辆一位端和二位端外顶，废排风机安装在厕所附近，空调机组出风口通过一节软风道同车内风道系统相连，车内第一节为消音风道，其侧面有两个分支出风口通过软管分别向乘务员室和配电柜送风；空调处理过的空气通过侧送风道经过灯带上方型材缺口送入客室，回风口安装在机组正下方的平顶板上，然后通过回风腔回到机组内部，如图 2-1-1 所示。空调系统制冷如图 2-1-2 所示。

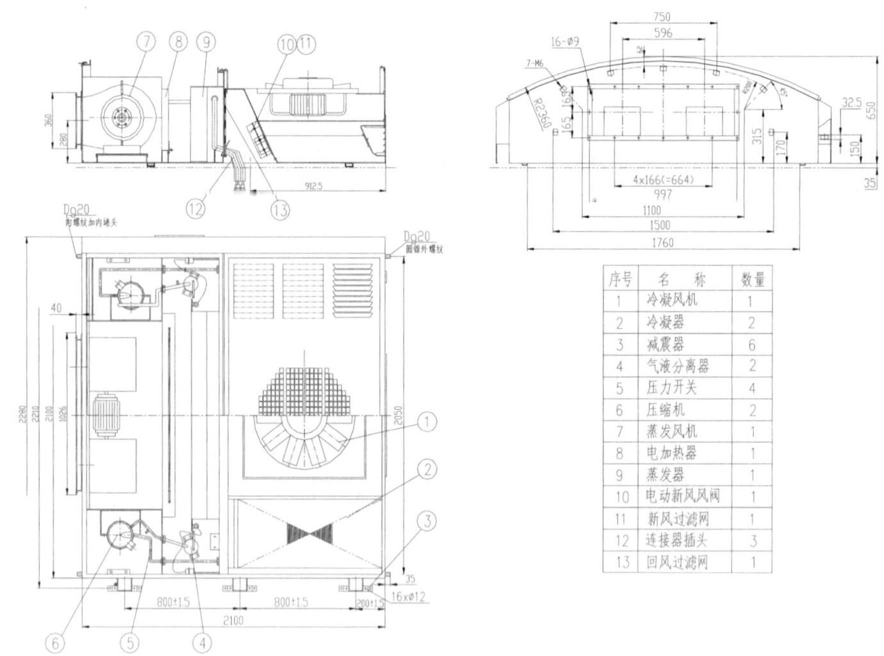

序号	名　称	数量
1	冷凝风机	1
2	冷凝器	2
3	减震器	6
4	气液分离器	2
5	压力开关	4
6	压缩机	2
7	蒸发风机	1
8	电加热器	1
9	蒸发器	1
10	电动新风风阀	1
11	新风过滤网	1
12	连接器插头	3
13	回风过滤网	1

图 2-1-1　KLD-29TD 型客车空调机组

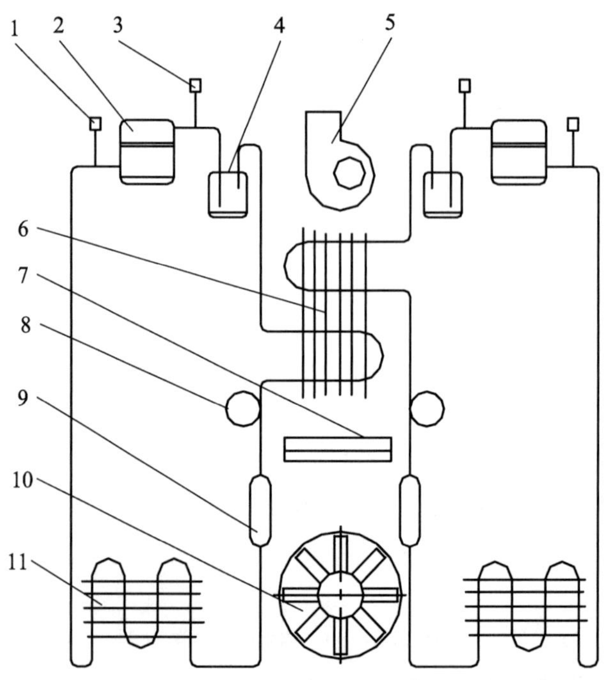

1—高压开关；2—压缩机；3—低压开关；4—汽液分离器；5—通风机；6—蒸发器；7—电加热器；8—毛细管；9—干燥过滤器；10—冷凝风机；11—冷凝器。

图 2-1-2　空调机组制冷系统

KLD-29TD 型空调机组主要部件包括全封闭涡旋压缩机、冷凝器、毛细管、汽液分离器、干燥过滤器、蒸发器、轴流冷凝风机、离心通风机、电加热器组成两个独立的制冷及采暖预热系统。各零部件组装在不锈钢板制成的箱体内，加盖板后形成一个整体。空调机组的箱体采用 SUS304 不锈钢板制成。制冷系统部件及配管采用银钎焊连接。空调机组的冷风出口及新风口分别设在机组的两端，回风口设在机组底部。

3. 空调机组的工作原理

（1）制冷。

机组制冷系统采用机械制冷方法，其系统由压缩机、冷凝器、节流毛细管、蒸发器等几个主要部件用管道连接起来形成一封闭系统。在封闭系统里，由压缩机将高温高压的过热蒸汽送入冷凝器，经外界空气的强制冷却，冷凝成高压液体，进入毛细管降压成低温低压的液体，经分流器进入蒸发器，吸收通过蒸发器空气的热量，蒸发成为低压蒸汽，再经过汽液分离器被压缩机吸入，压缩成高温高压的过热蒸汽，完成一个制冷循环。压缩机不断工作，达到连续制冷的效果。

车内循环空气被通风机从回风口吸入与新风混合后进入蒸发器冷却，并由出风口吹出，向车内送出冷风，在制冷系统连续工作下使车内温度逐渐降低，并由温度调节器自动控制车内温度，车内温度可调节在 22～30℃范围。冷凝器的冷凝借助于轴流风机，从机组上方吸进室外空气。空气经过冷凝器后，进行强制性热交换，向机组两侧排出热风，从而完成热量的转换。车内的空气通过蒸发器时，空气中的水分冷凝成水滴，被引到车外而起除湿作用。

（2）供暖。

在通风机的作用下，车内循环空气及新风口引入的新鲜空气混合后，经电加热器将混合空气升温预热，再从出风口向车内送热风，使车厢内温度保持在一定范围内，如图 2-1-3 所示。

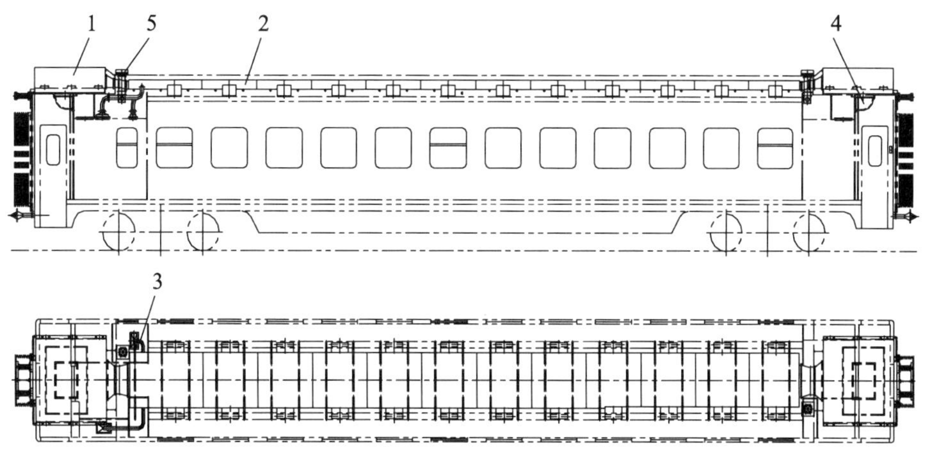

1—空调机组安装；2—送风道；3—送风末端装置；4—回风装置；5—废排装置。

图 2-1-3 空气调节系统

三、实训要求

1. 实训时间

教学课时为 2 课时。

2. 实训形式

学生每 5 人组成 1 个工作小组，各小组根据实训课程任务定制实训实施方案，每个小组选出 1 名组长，组长协助老师指导本组学生进行实训。

3. 实训注意事项

（1）未经教师或管理员允许不得擅自操作。

（2）进行整体认知前需要切断电源。

4. 工器具材料准备

防护红旗、铁路专用安全帽等。

四、实训作业步骤

1. 整体实训过程如图 2-1-4 所示。

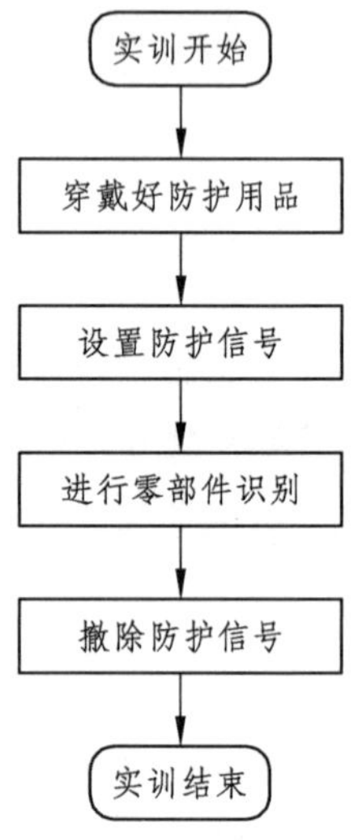

图 2-1-4　实训操作流程

2. 实训作业流程（表 2-1-1）

表 2-1-1　实训作业流程

工序	实训内容	使用工具	安全注意事项	作业结果记录
1	冷凝风机认知	防护红旗、铁路专用安全帽	开关空调盖板时注意个人防护，防止夹伤	
2	冷凝器认知	防护红旗、铁路专用安全帽	开关空调盖板时注意个人防护，防止夹伤	
3	减震器认知	防护红旗、铁路专用安全帽	开关空调盖板时注意个人防护，防止夹伤	
4	气液分离器认知	防护红旗、铁路专用安全帽		
5	压力开关认知	防护红旗、铁路专用安全帽		

续表

工序	实训内容	使用工具	安全注意事项	作业结果记录
6	压缩机认知	防护红旗、铁路专用安全帽		
7	蒸发风机认知	防护红旗、铁路专用安全帽		
8	电加热器认知	防护红旗、铁路专用安全帽		
9	蒸发器认知	防护红旗、铁路专用安全帽		
10	电动新风风阀	防护红旗、铁路专用安全帽		
11	新风过滤网	防护红旗、铁路专用安全帽		
12	连接器插头	防护红旗、铁路专用安全帽		
13	回风过滤网	防护红旗、铁路专用安全帽		

五、实训考核标准（表2-1-2）

表 2-1-2　实训考核标准

项目	标准	配分	得分
整体实训流程考核	能够简述整体实训步骤	8	
冷凝风机认知	可以在实物设备上识别出对应的部件名称	8	
冷凝器认知	可以在实物设备上识别出对应的部件名称	8	
减震器认知	可以在实物设备上识别出对应的部件名称	8	
气液分离器认知	可以在实物设备上识别出对应的部件名称	8	
压力开关认知	可以在实物设备上识别出对应的部件名称	8	
压缩机认知	可以在实物设备上识别出对应的部件名称	8	
蒸发风机认知	可以在实物设备上识别出对应的部件名称	8	
电加热器认知	可以在实物设备上识别出对应的部件名称	6	
蒸发器认知	可以在实物设备上识别出对应的部件名称	6	
电动新风风阀	可以在实物设备上识别出对应的部件名称	6	
新风过滤网	可以在实物设备上识别出对应的部件名称	6	
连接器插头	可以在实物设备上识别出对应的部件名称	6	
回风过滤网	可以在实物设备上识别出对应的部件名称	6	

六、思考题

空调机组的工作原理是什么？

任务二　空调装置检修与维护

一、实训目的

掌握空调装置检修与维护的理论链接。

二、理论链接

1. 冷凝器的清扫

冷凝器的散热片上落上灰尘、异物时会影响换热效率，使高压侧的压力升高，所以应定期进行清扫或清洗。

2. 蒸发器的清扫

蒸发器弄脏，会使车内通风机风量减小，冷量不足，甚至会导致蒸发器表面的凝结水被通风机吹入风道内，并通过出风口滴入车内，所以视灰尘的附着情况应定期清扫或清洗。

3. 排水口的清扫

将排水口清扫干净，使之不被垃圾或异物等堵塞。

4. 电加热器的清理

电加热器上落上尘垢，应用风吹掉。不锈钢制成的发热管退火处理后，因不锈钢里含有铁的成分，所以表面有时会生锈，但如果锈面不扩大，则视为正常现象。

5. 风机球轴承的更换

离心风机和轴流风机的电机轴承全部采用进口全封闭轴承，可以在不供油的条件下长期运转。

当确认球轴承有异音、异味或振动大时，应更换球轴承。拆卸球轴承时，不允许用锤子砸或撬轴承，以防止发生轴弯曲等事故。为了使球轴承顺利地装配到轴上，必须将结合部清理干净。轴承的正确拆卸安装方法如下：

（1）球轴承的拆卸方法。

① 使用拔轴器拆卸。

使用市场上出售的拔轴器拆卸轴承时应按拔轴器的使用说明书指示方法拆卸。

② 用压力机拆卸。

以球轴承的内圈支撑转子，缓缓地加压于轴端，便可卸下球轴承。

（2）球轴承的安装方法。

将球轴承的内孔侧与轴的结合面涂上黄油，垂直地嵌入，用合适的管子抵住内圈，用压力机缓缓地压入。如果没有压力机，可用管子轻轻地敲打，慢慢地打入。

空调装置部件检修周期见表 2-2-1。

表 2-2-1　空调装置部件检修周期

分类	部件名称	周期
热交换器系统	冷凝器 蒸发器	1 次/季
配管	—	1 次/年
空气过滤网	新风过滤网	1 次/周
	回风滤尘网	1 次/周
	蒸发器滤尘网	1 次/月
风机	冷凝风机	1 次/年
	蒸发风机	1 次/年

三、实训要求

1. 实训时间

教学课时为 2 课时。

2. 实训形式

学生没 5 人组成 1 个工作小组，各小组根据实训课程任务定制实训实施方案，每个小组选出 1 名组长，组长协助老师指导本组学生进行实训。

3. 实训注意事项

（1）未经教师或管理员允许不得擅自操作。

（2）进行整体认知前需要切断电源。

4. 工器具材料准备

防护红旗、铁路专用安全帽等。

四、实训作业步骤

1. 整体实训过程（见图 2-2-1）

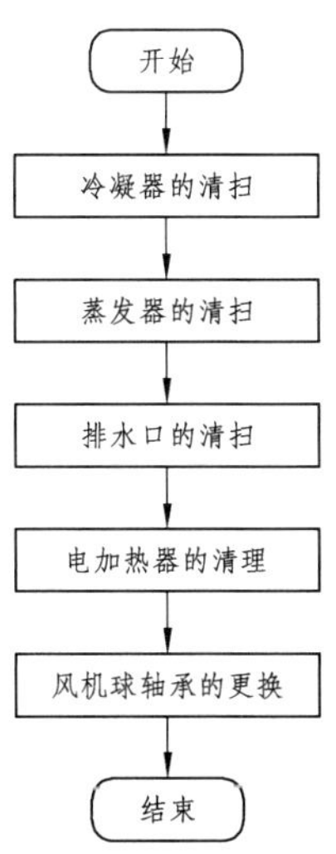

图 2-2-1　实训操作流程

2. 实训作业流程（表 2-2-2）

表 2-2-2　实训作业流程

工序	实训内容	使用工具	作业结果记录
1	冷凝器检修与维护	（1）把压缩空气按运转时的反方向吹入肋片间隙或从脏物附着多的一侧用吸尘器进行吸尘。 （2）特别脏时，用溶化的中性洗涤剂温水进行清洗	
2	蒸发器检修与维护	（1）把压缩空气按运转时的反方向吹入肋片间隙或从脏物附着多的一侧用吸尘器进行吸尘。 （2）特别脏时，用溶化的中性洗涤剂温水进行清洗	
3	配管检修与维护	如果管路上有油迹，是因为制冷剂泄漏，应进行补漏修理	
4	新风过滤网检修与维护	用肥皂水洗净后清水漂洗，晾干	
5	回风滤尘网检修与维护	用肥皂水洗净后清水漂洗，晾干	
6	蒸发器滤尘网检修与维护	用肥皂水洗净后清水漂洗，晾干	
7	冷凝风机检修与维护	（1）除掉室外通风机的铁锈，涂防锈漆。 （2）运转时，发现有异常声音、振动时，请更换轴承或电机	
8	蒸发风机检修与维护	（1）清扫风机，特别是附着在叶片内侧的灰尘，用软毛刷刷洗（请注意不要使叶片变形）。 （2）运转时，发现有异常声音、振动时，请更换轴承或电机	
9	蒸发器认知	防护红旗、铁路专用安全帽	
10	电动新风风阀	防护红旗、铁路专用安全帽	
11	新风过滤网	防护红旗、铁路专用安全帽	
12	连接器插头	防护红旗、铁路专用安全帽	
13	回风过滤网	防护红旗、铁路专用安全帽	

五、实训考核标准（表2-2-3）

表 2-2-3　实训考核标准

项目	标准	配分	得分
整体实训流程考核	能够简述整体的实训流程步骤	40	
冷凝器的清扫	无灰尘、无油污	10	
蒸发器的清扫	无灰尘、无油污	10	
排水口的清扫	无灰尘、无油污	10	
电加热器的清理	无灰尘、无油污	10	
冷凝风机的清扫	无灰尘、无油污	10	
蒸发风机的清扫	无灰尘、无油污	10	

六、思考题

（1）冷凝器如何清扫?

（2）蒸发风机清扫时的注意事项有哪些?

任务三　空调装置故障分析与处理

一、实训目的

学习空调装置的故障处理方法。

二、理论链接

1. 空调机组的常见故障（表 2-3-1）

表 2-3-1　空调常见故障

故障内容	故障原因	故障的分辨方法	处理
不出风	（1）离心风机配线 ① 连接器处断线。 ② 配线处螺丝松弛	查看电路接通情况。 查看电路接通情况	修理。 拧紧
	（2）电动机烧损或断线	测线圈电阻	更换电机
	（3）控制线路及电气故障	检查电路及电气元件	修理或更换
风量小	（1）风机电机反转	检查风机转向	调换相线
	（2）蒸发器结霜或结冰	检查（目视）	送风运转化冰、霜
	（3）蒸发器散热片脏堵	检查（目视）	清洗
	（4）软风道等处泄漏	检查	修理
	（5）风机叶片积垢	检查	修理
	（6）风机过滤网堵塞	检查过滤网	清除网眼堵塞物

续表

故障内容	故障原因	故障的分辨方法	处理
不冷	（1）压缩机电机不转。 ①电机断线、烧损。 ②高压压力开关动作。 ③低压压力开关动作。 ④温度开关动作。 ⑤配线端子安装螺丝松弛。 ⑥空调控制箱电气件不良。 ⑦过、欠压继电器动作。 ⑧接触器、中间继电器线圈烧毁或触头故障。 ⑨压缩机故障。 ⑩冷凝风机电机的热继电器动作	测定线圈电阻。 见第6项。 见第7项。 查看接通情况。 检查电气件。 电源电压过高或过低。 检查元件。 检查压缩机。 检查电机电流	更换压缩机。 修理。 拧紧。 更换部件。 调整供电电压。 修理或更换。 修理或更换。 修理或更换
	（2）压缩机运转	①室内吸入和排出空气温度相同。 ②蒸发器回气管温度过高。 ③压缩机电流小	修理制冷循环系统
	（3）涡旋压缩机反转	压缩机声音异常	调换相序
冷量不足	（1）室内、外热交换器积满脏物	检查	清扫
	（2）蒸发器结冰	检查（目视）	送风化冰
	（3）温度调节器设定温度过高或动作不良	检查	调整或修理
	（4）少量制冷剂泄漏	测定运转电流，进行判定	修理制冷剂循环系统
	（5）制冷剂充注过多	电流过大	将制冷剂少量排出
	（6）风量不足	见第2项	
振动噪声大	（1）通风机电机球轴承异常	检查风机的平衡性	修理风机
	（2）通风机不平衡		
	（3）紧固部位松弛	检查各紧固部位	拧紧
	（4）涡旋压缩机反转		调换相序
高压压力开关动作	（1）室外热交换器脏	检查室外热交换器	清扫
	（2）制冷剂充注过多	电流过大	将制冷剂少量排出
	（3）冷凝风机反转	检查	
	（4）排气管堵塞	检查	

续表

故障内容	故障原因	故障的分辨方法	处理
高压压力开关动作	（5）室外通风机不转。 ① 电机烧损。 ② 电机的球轴承损伤	测定线圈电阻是否平衡检查	更换电机。 更换电机球轴承
	（6）空气或不凝性气体混入系统中		排除
低压压力开关动作	（1）制冷剂泄漏	压缩机电流小	修理制冷剂循环系
	（2）吸入空气温度太低	蒸发器结霜	统充入制冷剂
	（3）风量不足	见第2项	
	（4）低压管路堵塞	检查	处理
	（5）蒸发器散热片堵塞	检查	处理
不暖	（1）电加热配线。 ① 联接器部断线。 ② 配线联接部螺丝松弛	查看导通情况。 查看导通情况	修理。 拧紧
	（2）室内通风机停转	见第 1 项	更换部件
	（3）温度开关不良	检查工作温度，在常温下触点闭合，70 ℃以上触点断开	
	（4）温度熔断器熔断	调查熔断原因	更换部件
漏水	（1）回风口滴水。 ①排水口堵塞。 ②安装不良密封垫处渗水。 ③车顶或机组底部涂密封胶处渗水	检查。 检查。 检查	清扫。 进行正确安装。 涂密封胶
	（2）出风口漏水	蒸发器或滤尘网脏堵	清扫蒸发器或滤尘网
	（3）车内风道内凝露形成水珠，从出风口吹出		保温处理

2. 空调机组的定期修理（中修）

空调机组每经约 2～3 年的运行后，就应对机组作一次全面的检查，如有问题应作及时修理。

（1）开机确认机组制冷、制热、通风等各项功能是否正常，各运动部件有无异常响声及振动。

（2）按“小修”内容进行清洗、检查。

（3）对机组壳体检修应做到：金属部分裂损应补焊；隔热层密封无缺欠、破损、老化；各零部件安装牢固，管路或零件间无摩擦或碰击。

（4）压缩机、气液分离器、干燥过滤器涂刷原色油漆；接线端要打磨，可调式压力保护装置应拆下检修校核压缩机电机绝缘阻值应≥5 MΩ。

（5）各风机及电机分解检修。

（6）蒸发器、冷凝器翅片变形者矫形，片具保持均匀。

（7）各管路及接头无泄漏，各防振、防水物质完好无缺。

（8）各配线无老化、破损、排列整齐，线号清晰、绝缘良好。

（9）高压压力开关检查作用良好。

（10）检修组装完后，通电运转试验，机组运转正常，无异响、异震，机组工作电流应在规定范围内。

3. 空调机组的定期修理（大修）

空调机组经过 5～6 年的运行后，就必须把机组从列车上拆卸下来进行一次彻底的修理，以确保机组的安全及工作效能。

（1）机组需从车上拆下，做全面清洗。

（2）机组上试验台做性能试验。

（3）若试验机组制冷量达到设计参数的 90%以上，机组制冷系统不做分解。

（4）按“中修”项目进行检修。

（5）离心风机叶轮破损或锈蚀严重更新。轴流风机叶片焊缝须探伤并清洗，涂防锈底漆面漆，轴承更换新品。

（6）更换所有密封件。

（7）滤尘网更换新品。

（8）各电气老化、破损者更换新品。

（9）各电动机按标准进行检修。

（10）电加热管更换新品。

（11）过热保护元件更换新品。

（12）连线插头、插座不良者更换新品。

（13）若试验机组制冷量达不到要求，机组制冷系统须分解检修。

（14）压缩机进行制冷量或排气量测试，低于原设计参数的 90%时，更换新品。

（15）压缩机对壳体绝缘阻值不低于 5 MΩ，三相绕组电阻值平衡若达不到更换新品。

（16）冷凝器、蒸发器分别进行内外部清洗、干燥，并做保压、抽空试验。标准按 TB 1804—1986 的要求。

（17）换热器腐蚀或破损时更换新品。

（18）如发现已大面积堵塞应更换新品。

（19）各阀清洗检查。

（20）高低压继电器进行检修、校验。

各部件修完后组装，要求充氮气焊接，组装后进行压力试验、真空试验、运转试验、性能试验，标准按 TB 1804—2009 的要求。

三、实训要求

1. 实训时间

教学课时为 2 课时。

2. 实训形式

学生每 5 人组成 1 个工作小组，各小组根据实训课程任务定制实训实施方案，每个小组选出 1 名组长，组长协助老师指导本组学生进行实训。

3. 实训注意事项

（1）未经教师或管理员允许不得擅自操作。

（2）进行整体认知前需要切断电源。

4. 工器具材料准备

防护红旗、铁路专用安全帽等。

四、实训作业步骤

1. 整体实训过程（见图 2-3-1）

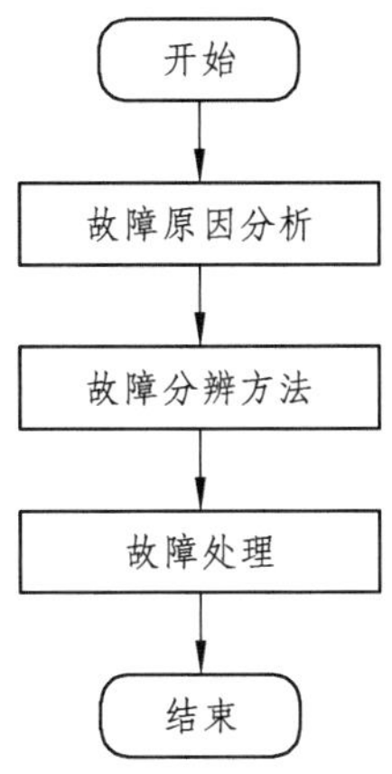

图 2-3-1　实训操作流程

2. 实训作业流程（表 2-3-2）

表 2-3-2　实训作业流程

工序	实训内容	故障原因	故障的分辨方法	作业结果记录
1	空调装置故障：风量小	（1）风机电机反转	检查风机转向	
		（2）蒸发器结霜或结冰	检查（目视）	
		（3）蒸发器散热片脏堵	检查（目视）	
		（4）软风道等处泄漏	检查	
		（5）风机叶片积垢	检查	
		（6）风机过滤网堵塞	检查过滤网	

五、实训考核标准（表2-3-3）

表 2-3-3　实训考核标准

项目	标准	配分	得分
空调装置故障：风量小	能够止确处埋空调装置风量小的故障	100	

六、思考题

（1）空调不出风的原因有哪些?

（2）空调漏水的原因有哪些?

参考文献

[1] 张华，王华. 城市轨道交通车辆空调系统原理与维修[M]. 北京：中国铁道出版社，2017.

[2] 王连森. 城市轨道交通车辆维护与检修[M]. 北京：中国铁道出版社，2012.

[3] 曾青中. 车辆空调与制冷装置[M]. 成都：西南交通大学出版社， 2008.

[4] 曾青中，刘超，袁泉. 轨道车辆空调系统检修与维护[M]. 成都：西南交通大学出版社，2021.

[5] 曾青中，邓景山. 车辆空调装置检修与维护[M]. 成都：西南交通大学出版社，2013.